In Gedenken an Bob Peteler und all jene,

die mich an ihrem Abschied aus

diesem Leben teilhaben ließen

EINFACH

DA

SEIN

EIN WEGWEISER FÜR

DIE BEGLEITUNG

AM LEBENSENDE

JOHANNA DERBOLOWSKY

Anmerkung des Autors

Dieses Buch ist kein Ersatz für professionelle medizinische, psychologische, rechtliche oder spirituelle Beratung. Es ist nicht dazu gedacht, Diagnosen zu stellen, zu behandeln oder konkrete Lösungen für Situationen am Lebensende anzubieten, sondern vielmehr denjenigen, die einen geliebten Menschen im Sterbeprozess begleiten, eine Perspektive und mitfühlende Begleitung zu bieten.

Der Autor und der Herausgeber lehnen jegliche Haftung ab, die sich aus der Verwendung oder Interpretation der Informationen in diesem Buch ergibt.

ISBN: *979-8-9928190-9-0* (Taschenbuch)
1. Auflage September 2025
Geschrieben von Johanna Derbolowsky

https://quantumheartfield.com

Inhalt

Einleitung

Es erfüllt mich mit Dankbarkeit, dass du dieses Buch in die Hand genommen hast und mir erlaubst, in einer vielleicht schweren Zeit an deiner Seite zu sein. So herausfordernd dieser Moment auch sein mag, er ist zugleich von tiefer Bedeutung. Für jemanden am Ende seines Lebens da zu sein, ist ein großes Geschenk für diese Person und für dich. Diese Zeit kann zu einer der tiefsten und bedeutungsvollsten Erfahrungen deines Lebens werden.

In den folgenden Seiten findest du praktische Anleitungen, die aus jahrelanger Begleitung Sterbender und ihrer Angehörigen entstanden sind. Dieses Buch bietet dir einfühlsame Orientierung, wenn du nicht weißt, was du sagen, tun oder wie du einfach nur da sein kannst, für einen Menschen, der am Ende seines Lebens ist. Du findest darin auch wahre Geschichten, die zeigen, wie Liebe, Präsenz und sogar Stille Trost spenden können, wenn sonst nichts mehr zu helfen scheint. Diese Geschichten sollen dir helfen, dich in dieser Erfahrung zurechtzufinden, dir Orientierung und Zu versicht zu schenken, damit du deinen eigenen Weg als Freund, Familienmitglied oder Pfleger findest und unterstützend für deinen sterbenden Menschen da sein kannst.

Deine Gegenwart ist das größte Geschenk, das du machen kannst. Dieses Buch möchte dich dabei unterstützen, dir zur Seite stehen, dir die Hand reichen und dir helfen, präsent zu bleiben, auch wenn es emotional und schwer werden sollte.

Danke, dass ich dich auf diesem Weg begleiten darf.

Johanna Derbolowsky

KAPITEL 1

Präsenz

Im Moment wirklich präsent zu sein bedeutet, die Gedanken und Meinungen im Kopf leiser werden zu lassen und einfach da zu sein. Das ist nicht leicht, vor allem, wenn Entscheidungen getroffen werden müssen und sich die eigenen Gefühle überstürzen. Der Verstand will in alle Richtungen agieren, und ihn zur Ruhe zu bringen, ist eine grosse Kunst. Dennoch kann schon etwas so Einfaches wie ein bewusster, tiefer Atemzug Wunder wirken. Er hilft, den Verstand zu beruhigen, und für einen Atemzug hat man immer genug Zeit.

Um mit einem anderen Menschen ganz präsent zu sein, braucht es aber noch mehr: Wir müssen unsere eigenen Vorstellungen und Urteile darüber, was dieser Mensch braucht, möchte oder wünscht, loslassen. Denn erst wenn unser Kopf frei ist können wir wirklich zuhören.

Vielleicht ist dir schon einmal aufgefallen, wie Menschen während eines Gesprächs schon anfangen ihre Antwort zu formulieren, obwohl du deinen Satz noch nicht fertig gesprochen hast. Ihre Gedanken sind woanders, und sie hören dir nur halb zu.

3

Vielleicht hast du dich selbst auch schon dabei ertappt. Sobald jemand anfängt zu reden will unser Verstand vorschnell urteilen, Schlüsse ziehen und Meinungen äußern.

Zuhören ist nicht einfach. Manchmal wollen wir unser Wissen und unsere Meinung so dringend mitteilen, dass es sich anfühlt wie ein Rennpferd, das einen Fehlstart verursacht. Wenn jemand länger braucht, um seine Gedanken zu sammeln und auszudrücken, schweifen unsere Gedanken leicht ab, hin zu all den Dingen, die wir noch erledigen müssen.

Gespräche nur halbherzig zu führen, in Eile und Unachtsamkeit, mag zwar zeitsparend erscheinen, raubt uns aber die authentische Verbindung. Die Gegenwart entfaltet ihre Kraft nur, wenn wir wirklich präsent sind.

Als meine Mutter älter wurde und mehr Unterstützung von uns und von Fachkräften brauchte, sagte sie einmal zu mir: *„Am schlimmsten ist, dass alle wissen, was gut für mich ist und was ich tun soll, aber niemand hört mir zu, oder fragt was ich will und wo ich wirklich Hilfe benötige."*

Natürlich gehörte auch ich zu denen, die meinten, alles besser zu wissen. Und ich sehe schon jetzt, wie meine eigenen Kinder mir gern sagen, was ich tun soll oder was ich besser lassen sollte.

Doch als meine Mutter das sagte, habe ich zugehört. Ich wurde mir bewusst, dass ich keine Ahnung hatte, wie es ist, in ihren Schuhen zu stehen. Ich wusste nicht, wie es ist, in ihrem Alter zu sein oder mit ihren Herausforderungen zu leben. Meine Ratschläge kamen aus meiner jüngeren Perspektive und nicht aus wirklichem Verstehen.

Diese Erkenntnis hat mich verändert. Sie hat mir geholfen, Menschen auf einer tieferen Ebene zu begegnen. Natürlich ertappe ich mich immer noch dabei, dass ich zu schnell urteile. Aber ich versuche es zu bemerken und mich neu auszurichten.

Was wäre, wenn wir in all unseren Begegnungen wirklich präsent wären? Es wäre wundervoll, und genau jetzt ist der perfekte Moment damit zu beginnen. In diesem Moment wird deine Präsenz gebraucht. Du hast die Gelegenheit mit ganzem Herzen bei jemandem zu sein, der sich auf die letzte Reise dieses Lebens begibt.

KAPITEL 2

Die Reise

Stell dir hier einmal vor, der Tod ist das Ende eines Abenteuers und zugleich der Beginn eines neuen. Der einzige Unterschied ist, dass das endende Lebensabenteuer uns vertraut ist, doch der Weg, den die sterbende Person nun geht, ist eine Reise ins Unbekannte.

Diese Reise ist nicht deine Reise, es ist ihre. Lass sie die Vorbereitungen und den Weg bestimmen.

Bevor wir eine Reise antreten, bereiten wir uns vor. Wir packen, was wir brauchen, sorgen dafür, dass zu Hause alles geregelt ist. Wir wollen mit einem guten Gefühl aufbrechen, in dem Wissen, dass alles versorgt ist. Wir kümmern uns um Haustiere, zahlen Rechnungen, verschließen Türen. Und wenn Menschen auf uns angewiesen sind, Kinder, Partner oder Eltern, versuchen wir, auch für sie gut vorzusorgen. Im besten Fall verabschieden sich alle liebevoll voneinander und wünschen eine gute Reise, damit wir mit Leichtigkeit und Vorfreude aufbrechen können, bereit für ein neues Abenteuer. Doch nicht jede Reise ist einfach, und nicht jedes Abschiednehmen ist erfüllt von guten Wünschen.

Auf einer meiner Reisen habe ich gelernt, wie sehr ein Abschied die reisende Person beeinflussen kann. Diese Erfahrung hat meine Arbeit mit sterbenden Menschen und ihren Angehörigen tief geprägt.

Die Heimreise

Mit Anfang zwanzig bin ich von Deutschland in die USA gezogen. Zuerst habe ich in Maine gelebt, dann in New York City und jetzt in Los Angeles. Etwa einmal im Jahr besuche ich Deutschland. Vor Jahren, als meine Eltern noch lebten aber älter wurden, wurden auch die Abschiede am Ende meines Besuches schwieriger. Jedes Mal, wenn ich Deutschland verließ, um in mein neues Zuhause in den USA zurück-zukehren, verstärkte sich das Gefühl, dass man sich vielleicht nie mehr wieder sieht.

Natürlich wissen wir niemals, was die Zukunft bringt. Es ist immer möglich, dass ein Abschied endgültig ist. Doch wenn wir selbst oder jemand in unserem Umfeld älter oder schwächer wird, wird uns die Zerbrechlichkeit und Vergänglichkeit des Lebens bewusster.

Bei dieser Reise jedoch war es anders.

Meine älteste Schwester Sonja hatte entschieden, mich im Zug zum Flughafen zu begleiten. Als ich morgens aufstand, war es wie immer ein wenig bittersüß, Doch die Vorfreude, meine Kinder zu sehen und nach Hause zu kommen, vertrieb die Traurigkeit über den Abschied. Ich stand früh auf, um noch schnell auf dem Markt vorbeizuschauen und mir meine Lieblingsleckereien zu holen, eine frische Butterbrezel mit Schnittlauch, Erdbeeren und ein paar Gebäckstücke für den Flug. Denn wie wir wissen zählen Kalorien im Flugzeug nicht. Essen ist einfach eine angenehme Möglichkeit, die Zeit zu vertreiben.

Ich war voller Vorfreude nach Hause zu fliegen. Sonja und ich hatten etwa eineinhalb Stunden Zugfahrt zum Flughafen. Der Besuch war wunderschön gewesen, ich war in guter Stimmung.

Doch kaum saßen wir im Zug, begann Sonja zu weinen. Zuerst muss ich ehrlich gestehen, fühlte es sich sogar ein bisschen gut an, so sehr vermisst zu werden. Aber dieses Gefühl verflog schnell, denn ihre Tränen wurden heftiger, das Schluchzen intensiver. Sie hatte Angst, wir würden uns vielleicht nie wieder sehen. Sie erwähnte, dass unsere alternden Eltern bald sterben könnten und ich diese auch eventuell nicht mehr sehen würde. Und dann wurde es noch schlimmer: Sie sprach sogar aus, dass mein Flugzeug abstürzen könnte.

Jede Minute zog sich endlos hin. Meine Vorfreude, nach Hause zu fliegen und meine Kinder wiederzusehen, verblasste. Als wir nach einer Ewigkeit endlich am Flughafen ankamen, war ich am Boden zerstört und sogar ein bisschen ängstlich vor dem Flug. Ich hatte nie zuvor Flugangst. Als wir uns endlich verabschiedeten, liefen auch mir die Tränen runter und mir war übel. Ich verbrachte meine letzten Minuten vor dem Abflug an einem Münztelefon am Gate, rief meine Mutter an und sagte ihr, wie sehr ich sie liebe und wie wichtig sie für mich ist, für den Fall, dass wir uns nie wiedersehen.

Im Flugzeug saß ich völlig erschöpft und mit Angst im Herzen. Die Brezel und die Erdbeeren landeten im Müll. Selbst als ich endlich ankam, wurde meine Freude von der Erschöpfung und einer dunklen Wolke aus Angst und Sorge überschattet.

Ich erzähle dir diese Geschichte, weil sie sehr gut beschreibt, was oft passiert, wenn eine Person die letzte Reise dieses Lebens antritt. Die Menschen, die sie lieben, machen den Abschied oft schwerer, als er sein müsste.

Wenn jemand, den du liebst, im Sterben

liegt, erinnere dich: Es ist seine Reise, nicht
deine. Deine Aufgabe ist es, unterstützend
da zu sein und nicht ihn oder sie mit deinen
Ängsten oder deiner Trauer zu belasten. Was
dieser Mensch braucht, ist deine Präsenz,
deine Liebe und dein Vertrauen.

Es ist ganz natürlich, Trauer zu empfinden
und Angst vor dem Verlust zu haben. Aber
diese Gefühle sollten nicht zur Last werden für
den Menschen, der sich auf den Weg macht.
Versuche ihm den Abschied zu erleichtern.

Peter

Peter kam zu mir, weil sein langjähriger
Freund im Hospiz war und er sich auf einen
Besuch dort vorbereitete. Er war unsicher, wie
er sich verhalten und was er sagen sollte. Peter
teilte nicht den Glauben seines Freundes über
den Tod. Er glaubte, dass mit dem Tod einfach
alles vorbei sei. Sein Freund aber glaubte, dass
er nach Hause zu seiner Seelenfamilie zurück-
kehre.

Zuerst war Peter zögerlich mit mir darüber
zu sprechen. Er wusste, dass ich ebenfalls an
ein Weiterleben nach dem Tod glaube. Aber in
diesem Moment ging es nicht um mich, und
auch nicht um Peters Überzeugungen. Es ging
um seinen Freund. Und in unserem kurzen

Gespräch konnte ich Peter davon überzeugen, dass seine persönlichen Ansichten in diesem Fall keine Rolle spielten. Denn er war nicht derjenige, der sich gerade auf den letzten Weg machte, oder zumindest nicht jetzt.

Wann immer ich mit Klienten spreche, bitte ich um eine geistige Eingebung. In Peters Fall kam mir sofort ein Bild in den Sinn, das ich in mein Gespräch einbeziehen konnte.

Ich bat Peter, sich vorzustellen, er sei zu einer Abschiedsfeier eingeladen. Der Ehrengast geht in den Ruhestand und zieht nach Antarktika, um dort Golf zu spielen. Abwegig, oder? Es gibt keine Golfplätze in der Antarktis, und jeder auf der Feier hält das für eine völlig absurde Idee. Aber genau das will dieser Mensch tun. Es ist sein Traum.

Dann fragte ich Peter: *„Würdest du auf der Feier laut verkünden wie dumm das alles ist? Würdest du sagen: 'Das ist lächerlich! Dieses Abenteuer wird ein eiskalter, miserabler Reinfall'. Oder würdest du ihm alles Gute wünschen und hoffen, dass er genau das findet, was er sucht?"* Peter verstand sofort.

Ein paar Tage später rief er mich an, um mir von seinem Besuch zu erzählen. Er war ins Zimmer seines Freundes gegangen und hatte gesagt: *„Es macht mich traurig, dich gehen zu* *sehen. Aber ich hoffe von Herzen, dass du in diesem nächsten Abschnitt deiner Reise alles findest, was du suchst. Wir beide wissen, dass ich deinen Glauben an Geist und Göttliches nicht teile, aber das spielt keine Rolle. Ich wünsche dir trotzdem, dass es genau so wird, wie du es dir erhoffst. Oder sogar noch schöner."*

Peter erzählte mir, dass sich ihre Freundschaft durch diesen ehrlichen und respektvollen Moment noch vertieft hatte. Seine letzten Besuche waren schön. Beide haben viel über Erinnerungen gelacht und waren sehr offen miteinander. Ihr letzter Abschied war voll Liebe und Achtung.

Natürlich trauerte Peter um seinen Freund. Aber in ihm war eine Zufriedenheit. Er war in dieser Zeit wirklich präsent gewesen und die Erinnerung an einen schönen, letzten Abschied hat ihn bei der Bewältigung seiner eigenen Trauer sehr geholfen.

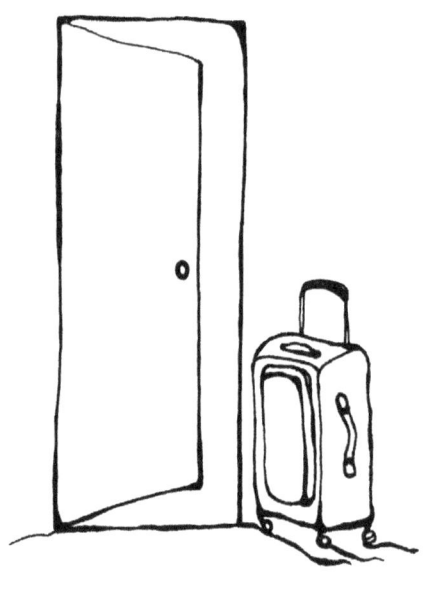

KAPITEL 3

Gepäck

Wie bei jeder Reise bringt auch die Reise des Sterbens das Thema Gepäck mit sich. Doch nicht alles davon gehört der sterbenden Person. Wir, als Besucher, tragen unsere eigenen Ängste, Sorgen und ungelösten Gefühle in diesen Raum, und machen damit den Abschied schwerer als er sein müsste.

Dein Gepäck

Wenn du jemanden besuchst, der im Sterben liegt, lass dein eigenes Gepäck draußen vor der Tür. Stell dir vor, du packst deine Ängste, Bedürfnisse, Erwartungen, Religion oder Glauben, persönliche Themen und alles andere, was dich belasten könnte, in einen Koffer. Nimm dir einen Moment Zeit um zu prüfen, ob du wirklich alles eingepackt hast, jede Sorge, jeden Wunsch und jeglichen emotionalen Ballast. Dann stell diesen Koffer vor der Tür ab. Er ist dort sicher. Du kannst ihn später wieder mitnehmen, wenn du möchtest.

Atme ein paar Mal tief durch bevor du den Raum betrittst.

Jetzt, beim Eintreten, bist du ganz präsent.

Du wirst nicht über deine eigenen Gefühle und Gedanken stolpern, denn sie warten draußen auf dich. Nun ist die Zeit, dich ganz auf den Menschen vor dir zu konzentrieren, auf denjenigen, der sich auf die Reise aus diesem Leben vorbereitet.

Mit einem offenen und klaren Geist kannst du seine Gedanken, Wünsche und Sorgen hören. Du kannst helfen sein Gepäck leichter zu machen, anstatt es noch zu beschweren.

Ihr Gepäck

Viele Menschen, die ich in ihren letzten Tagen begleitet habe, machten sich Sorgen um das, was oder wen sie zurücklassen. Sind die Finanzen geregelt? Habe ich alles gesagt, was ich sagen wollte? Habe ich mich mit jemandem versöhnt? Habe ich vergeben? Wurde mir vergeben? All diese Fragen wiegen so viel, wie ein Koffer voller Steine auf einem wunderschönen Wanderweg.

Greifbare Dinge wie Finanzen oder Besitz lassen sich am einfachsten klären. Nach der Scheidung meiner Eltern hat mein Vater nochmal geheiratet und eine neue Fmilie gegründet. Als er dem Ende näher kam, kreisten seine Gedanken ständig um seine zweite Familie und um die Menschen, die er dort zurückließ. Werden sie finanziell zurechtkommen? Werden sie miteinander auskommen? Natürlich konnte er an all dem nichts mehr ändern, doch die Sorgen nahmen dennoch viel Raum in seinen Gedanken ein.

In unseren vielen Gesprächen sagte ich ihm immer wieder: *„Ich kümmere mich darum."* Ich hatte damals selbst kaum Geld um irgendwen zu *„retten"*, aber ich war mir sicher, dass das Leben weitergehen würde und dass jeder seinen Weg finden würde. Er konnte die Gedanken loslassen, weil ich einfach versicherte: *„Ich kümmere mich darum."*

Wenn ich diese Geschichte erzähle, sagen manche: *„Das war doch gelogen."* Aber das war es nicht, denn ich war bereit mein Möglichstes zu tun. Ausserdem galt seine Angst nicht dem gegenwärtigen Moment, sondern der Zukunft. Weder er noch ich konnten wissen was geschehen würde, also war mein Versprechen genau das, was es sein sollte: eine aufrichtige Absicht. Ich habe mein Versprechen gehalten und bin mit seiner Familie in Kontakt geblieben. Und was all die anderen Sorgen betrifft: Niemand wurde obdachlos, alle haben ihren Weg gefunden.

Ich sehe es zweiseitig. Erstens, wenn du etwas versprichst und die Möglichkeit hast es zu halten, dann halte Dein Versprechen.

Zweitens, ein Versprechen kann nie mehr sein als die Absicht etwas zu tun, denn wir wissen nie, was die Zukunft bringt. Wenn deine Absicht ehrlich ist, dann ist das genug. Den Rest kannst du später klären. Höchstwahrscheinlich kann der sterbende Mensch ohnehin nichts mehr an der Situation ändern. Es ist einfach nur ein Gedanke, der ihn innerlich aufwühlt und eine unnötige Bürde. Wenn es jedoch um ein dringendes Thema geht, dann ist es gut, es sofort zu erledigen, damit du die sterbende Person mit einem *„es ist geregelt"* beruhigen kannst.

Bei meinem Vater konnten wir, nachdem die äußeren Lasten gelöst waren, zu den emotionalen übergehen. Im Rückblick auf sein Leben sah er vieles, was er bereute und wofür er sich Vergebung wünschte. Als Elternteil, Partner, Kollege, Kunde oder Geschäftspartner usw. gibt es immer etwas, das man rückblickend vielleicht hätte besser machen können. Einem sterbenden Menschen helfen loszulassen ist ein Geschenk für diesen und für dich. An einem Groll festzuhalten verursacht nur weiterer Schmerz und bringt niemandem etwas.

Alles kann verziehen werden. Und es ist

deine Aufgabe, diesen Prozess zu leiten. Viele Religionen haben eine Art von Absolution, in der eine befugte Person ans Sterbebett tritt, die Beichte abnimmt und einen von allem erlöst. Religionen wussten schon immer wie wichtig es ist, nicht mit ungelösten Schuldgefühlen ins Jenseits zu gehen. Sogar Menschen die auf Grund der Todesstrafe hingerichtet werden, bekommen die Möglichkeit, von einem Seelsorger die Absolution zu empfangen.

Es ist ein schönes Ritual, aber für manche reicht das nicht. Sie möchten spüren, dass sie wirklich etwas wieder gut machen und nicht nur von einem Priester symbolisch freigesprochen wurden.

Weil du dein eigenes Gepäck vor der Tür gelassen hast, kannst du nun wirklich zuhören und offen dafür sein, Lösungen zu finden.

Hier sind ein paar Vorschläge, wie du helfen kannst:

- Hilf beim Schreiben eines Briefes.
- Organisiere ein Telefongespräch.
- Arrangiere ein Treffen, aber achte darauf, dass es die Situation nicht verschlimmert.
- Falls passend: Bitte eine geistliche Person um einen Besuch.

• Versichere dem sterbenden Menschen, dass du seine Nachricht weitergeben wirst, besonders Entschuldigungen oder letzte Worte.

Gute Fragen, die du stellen kannst:

• Wobei kann ich dir helfen?
• Gibt es etwas, das ich für dich erledigen kann?
• Gibt es jemanden, den du gerne noch sprechen oder sehen möchtest?
• Was beschäftigt dich noch?

Manchmal sind diese Dinge längst geregelt, aber sie spuken noch im Kopf des sterbenden Menschen als unerledigt herum. Wiederholte Bestätigungen, dass du dich darum kümmern wirst, sind eine große Erleichterung.

Sophie

Die Mutter einer Freundin war Ende neunzig, als sie starb. Sie war bereit zu gehen, und alles um sie herum war ruhig und friedlich. Doch ein Gedanke kam immer wieder in ihr hoch. Viele Jahre zuvor hatte ihr jemand sehr Nahestehendes tiefes Leid zugefügt. Obwohl sie längst darüber gesprochen und sich ge-

genseitig vergeben hatten, war ein Rest dieses Schmerzes, oder vielleicht nur die Narbe, die er hinterlassen hatte, immer noch spürbar. In ihren letzten Tagen meldete sich diese alte Wunde plötzlich wieder zurück.

Zum Glück war ihre Tochter an ihrer Seite. Sie sah die innere Unruhe ihrer Mutter und fragte sanft: „*Ist das wirklich etwas, das du mitnehmen willst*". In diesem Moment wurde der Mutter klar, dass das Festhalten an der Vergangenheit sie auf ihrer letzten Reise nur belasten würde. Sie atmete tief durch, dankte ihrer Tochter und ließ los. Nur wenige Stunden später schlief sie ruhig und friedlich ein.

Wie schön wäre es, wenn wir alle jemanden an unserer Seite hätten, der uns im richtigen Moment hilft loszulassen. In vielen östlichen Traditionen glaubt man, dass das, woran wir uns im Sterben klammern, das Fundament für unser nächstes Leben bildet. Wenn das wahr ist, wird es umso wichtiger, diese Welt in Freude und innerem Frieden zu verlassen. Doch ganz gleich, ob du an Wiedergeburt glaubst, an Religion, an Evolution, oder an gar nichts. Eines ist sicher: Es ist immer besser, einen Ort in Liebe und Frieden zu verlassen.

„Selbst wenn der Tod dich heute wie ein Blitz treffen sollte, musst du bereit sein ohne Traurigkeit und Reue und ohne jegliches festhalten, an Dingen die zurück-bleiben, zu sterben. Während du fest in der Erkenntnis des Absoluten verweilst, solltest du dieses Leben wie ein Adler, der in den blauen Himmel aufsteigt, verlassen."

– Diego Khyentse Rinpoche

KAPITEL 4

Schuldgefühle, Reue und Standpunkt

Es geht im Leben nicht um Versagen oder Erreichen, es geht im Leben um Leben. Leider kämpfen viele Menschen am Ende ihres Lebens mit Reue und Schuldgefühlen. Der Wunsch, Dinge anders gemacht zu haben, trübt oft den Blick auf die Realität. Schuldgefühle sind an ein Ereignis in einem spezifischen Augenblick gebunden. Im Moment einer Entscheidung handeln wir nach bestem Wissen und Gewissen basierend auf dem, was uns in diesem Augenblick zur Verfügung steht. Doch geht das Leben weiter. Wir werden älter, reifer und gewinnen neue Erkenntnisse. Plötzlich blicken wir aus einer neuen Perspektive, also vom heutigen Standpunkt, auf eine alte Situation. Wir sehen die Vergangenheit mit mehr Abstand und oft ohne die Gefühle und Umstände, die damals eine Rolle gespielt haben.

Natürlich würden wir heute anders reagieren. Wir haben uns verändert, wir haben dazugelernt. Wenn uns dieselbe Situation heute, also am heutigen Standpunkt, begegnen würde, würden wir vermutlich andere Entscheidungen treffen.

Wachstum und Lernen sind Teil unserer Reise. Sie helfen uns in der Zukunft besser zu handeln. Wenn wir an unsere alten Fehler zurückdenken, sollten wir jedoch nie vergessen, an welchem Standpunkt unserer Entwicklung der Fehler stattfand. Denn würden wir tatsächlich zu genau diesen Moment zurückkehren, mit dem damaligen Wissen, der damaligen Gefühlslage und den damaligen Umständen, würden wir sicherlich genau dieselbe Entscheidung wieder treffen.

Unser Verstand spielt uns Streiche. Er lässt uns Reue spüren über Entscheidungen, die wir mit bestem Wissen und Gewissen getroffen haben. In Wirklichkeit jedoch gibt es nichts zu bereuen denn wir haben am damaligen Standpunkt das Beste getan, was uns möglich war.

Wenn ein sterbender Mensch unter Schuldgefühlen leidet, kann es sehr heilsam sein, ihn sanft an den damaligen Tatort zurückzuführen. Dann kann man ihm helfen zu erkennen, dass er mit dem damaligen Wissen, den damaligen Gefühlen und den vorhandenen Ressourcen sein Bestes gegeben hat.

Wer die Vergangenheit so annehmen kann, wie sie war, öffnet die Tür zu innerem Frieden und zu einem friedlichen Übergang.

KAPITEL 5

Schuldgefühle in Selbstliebe Verwandeln

Frage den sterbenden Menschen, ob es etwas gibt, das er bereut. Und wenn ja, begleite ihn achtsam durch jedes dieser Themen. Hilf ihm, sich an die genauen Umstände zu erinnern, an die Gefühle, an den Druck und an die Wahlmöglichkeiten. Lass ihn erkennen, dass er aus dem damaligen Verständnis und mit den Mitteln, die ihm damals zur Verfügung standen, so gut wie möglich gehandelt hat.

Schuldgefühle gehen oft mit dem Gedanken einher: Wenn ich damals gewusst hätte, was ich heute weiß... Die Antwort darauf ist einfach: Du wusstest es damals nicht und hast dein Bestes gegeben.

Diese Erkenntnis öffnet den Weg zur Selbstverzeihung. Sobald diese erreicht ist, führe die Person zurück in die Gegenwart. Zeige ihr, wie viel sie gelernt hat und wie sehr sie gewachsen ist. Dann kann man, wenn nötig, immer noch ein klärendes Gespräch führen oder sich entschuldigen.

Sich selbst von Schuld zu befreien bringt

Frieden. Niemand geht fehlerfrei durchs Leben und die wenigsten Menschen handelt mit der Absicht anderen zu schaden. Wenn wir glauben, dass wir in jedem Moment mit den besten Absichten handeln, dann können wir uns selbst gegenüber Mitgefühl und Liebe zeigen.

John

John war voller Schuldgefühle. Als er jung war, hat seine Freundin sich vergiftet, und er hatte versucht ihr Leben zu retten. In seiner Verzweiflung rief er sofort den Notruf und wartete dann auf Hilfe, statt sie selbst ins nahegelegene Krankenhaus zu bringen. Doch die Rettung kam zu spät, und seine Freundin starb. Viele Jahre später, als John selbst im Hospiz war, tauchte dieser Moment wieder in ihm auf. Er war schwer belastet mit Schuldgefühlen und Selbstvorwürfen. *„Ich hätte es besser wissen müssen. Ich hätte anders handeln sollen. Es war meine Schuld, dass sie gestorben ist"*, sagte er.

Ich fragte ihn, ob er damals wollte, dass seine Freundin stirbt. *„Natürlich nicht"*, antwortete er entsetzt. Dann bat ich ihn, gedanklich zu diesem Moment zurückzukehren, als er von der Arbeit kam, seine Freundin fand und sofort den Notarzt rief. „*Was ging dir durch den Kopf?*" fragte ich.

Er erzählte mir von der Panik, dem Schock, dem Versuch mit ihr zu sprechen, sie wach zu halten, während sie in seinen Armen lag und wie sie, kurz nachdem die Hilfe eintraf, ihren letzten Atemzug machte.

Dann begannen die Selbstvorwürfe erneut. „*Ich hätte am Telefon bleiben und nach Anweisungen fragen sollen. Ich hätte sie die Treppen hinuntertragen und zum Krankenhaus rennen sollen. Ich hätte... irgendetwas anderes tun müssen.*"

Ich erklärte John, dass er von drei verschiedenen Standpunkten auf dasselbe Ereignis schaute: Zuerst aus der damaligen Situation, in der er instinktiv und mit bestem Wissen gehandelt hatte. Dann aus der Perspektive kurz nach dem Geschehen, als klar wurde, dass die Hilfe zu spät kam, begleitet vom Schmerz und dem Gefühl der Ohnmacht. Und schließlich aus der Gegenwart, mit all dem Wissen, das er seither gesammelt hatte.

Ich erinnerte ihn auch daran, dass niemand weiß, was sonst hätte passieren können. Vielleicht hätte er sich auf dem Weg ins Krankenhaus verletzt oder wäre gar von einem Auto angefahren worden. Ich bat ihn zu erkennen, dass die Schuldgefühle, über eine

Entscheidung, die im Moment vollkommen nachvollziehbar war und die er sein ganzes Leben mit sich getragen hatte, ihm nur Leid gebracht haben. Sie haben die Situation nicht verändert, aber seinem Leben viel Freude gestohlen. Er nickte. Dann bat ich ihn sich selbst zu vergeben, für all das Leid, das er sich über die Jahre zugefügt hatte.

Nach unserem Gespräch war er spürbar erleichtert. Wir sprachen über weitere Dinge, die ihn belasteten. Auch diese konnten wir gemeinsam klären, indem wir sie aus einer neuen Perspektive betrachteten.

John wünschte sich er hätte sich selbst schon viel früher vergeben, aber war dankbar es endlich loszulassen. In seinen letzten Tagen genoss er die Besuche seiner Familie und Freunde, fühlte sich leichter und war innerlich bereit zu gehen.

KAPITEL 6

Dankbares und Ungesagtes

Neben Entschuldigungen und dem Auflösen von Schuldgefühlen gibt es noch andere Dinge, die auf einem Menschen lasten können. Beim Abschiednehmen können auch schöne Dinge, die nie ausgesprochen wurden, zu emotionalem Ballast werden. Du hast die besondere Aufgabe da zu sein und zuzuhören. Je stiller du bist, desto mehr wird dir der sterbende Mensch anvertrauen. Lass dich von dem leiten, was in ihm aufkommt, und biete dann deine Unterstützung an.

Ich habe Menschen begleitet, die ein starkes Bedürfnis hatten, ihre Dankbarkeit gegenüber jenen auszudrücken, die sie auf ihrem Lebensweg unterstützt hatten. Wenn es der Wunsch der sterbenden Person ist, kannst du helfen, den Kontakt zu diesen Menschen herzustellen, zum Beispiel durch ein Telefonat, einen Brief, oder einen Besuch. Drange niemals deine eigene Vorstellung davon auf, was das Beste wäre. Erinnere dich daran, dass es ihre Reise ist und nicht deine. Wenn die Person, bei der sich jemand bedanken möchte, bereits verstorben ist, gibt es dennoch Möglichkeiten. Du kannst beim Schreiben eines Briefes helfen und diesen dann durch eine symbolische Handlung dem Geist der betreffenden Person übergeben, zum Beispiel durch das Verbrennen des Briefes. Auch das laute Aussprechen der Botschaft, gerichtet an den Geist des Empfängers, kann hilfreich sein.

Rolf

Das Schönste an Rolf war seine Dankbarkeit. Egal, wer etwas für ihn tat, er sagte immer danke und ließ jeden spüren, wie sehr er es zu schätzen wusste.

Während ich mich um ihn kümmerte, verging kein Tag, an dem er mir nicht sagte, wie dankbar er war, dass ich für ihn da war. Selbst als ich seine Frühstückseier nicht perfekt gekocht hatte, war er dankbar. Am nächsten Morgen stand er dann allerdings in der Küche bereit, um mir genau zu zeigen, wie er sie mochte. Sie waren fast roh und nachdem er seine glitschigen Eier auf seinen Teller geschoben hatte, legte ich meine noch einmal in die Pfanne zurück. Meine Aufgabe war es nicht, ihm etwas beizubringen oder ihm zu sagen, was er mögen sollte. Meine Aufgabe war es, mit ihm präsent zu sein, ihm Raum zu geben, sich zu öffnen, loszulassen, was losgelassen werden wollte, und ihm die bestmögliche letzte Lebensphase zu ermöglichen.

Rolf konnte viele der Pflegekräfte und Sozialarbeiter, die zu ihm nach Hause kamen, nicht besonders gut leiden. Einerseits, weil er das Gefühl hatte, sie seien überflüssig, denn er wollte immer noch alles selbst erledigen. Andererseits, weil sie ihm sagten, was er fühlen oder tun sollte. Ich war dankbar für ihre Besuche. Es gab mir etwas Zeit, meinen eigenen Gedanken nachzugehen. Ihn störte, dass sie meinten alles besser zu wissen, was ihn betraf. Er ertrug diese Begegnungen, doch sobald sie gegangen waren, war er erleichtert und wir machten einen Spaziergang.

Ich habe durch diese Situationen wieder erkannt, wie wichtig es ist, wirklich zuzuhören, statt zu glauben, man wisse schon, was im anderen vorgeht.

Rolf war Wissenschaftler und forderte mich oft heraus, Dinge aus einem anderen Blickwinkel zu betrachten. Er liebte es, am Strand spazieren zu gehen. Einmal saßen wir gemeinsam am Ufer, als ein paar Drohnen vorbeiflogen. Ich mochte Drohnen noch nie. Der Gedanke, dass jemand mich aus der Ferne beobachtet, hat mich immer gestört. Aber Rolf bewunderte sie und den wissenschaftlichen Fortschritt genauso sehr wie er es liebte, Hunden beim Spielen und Rennen im Sand zuzusehen. Als er zu schwach wurde, um noch an den Strand zu gehen, brachte ihm eine besonders einfühlsame Krankenschwester eine große Kiste mit Sand vom Meer. Er steckte seine Füße hinein und stellte sich vor, am Wasser entlangzulaufen. Er war wie immer dankbar für diese Geste.

Nach dem Tod seiner Frau, kurz nach ihrem siebzigsten Hochzeitstag, war Rolf sehr unglücklich und orientierungslos. Ich hörte ihm zu, während die Gedanken in ihm aufkamen und war einfach nur da, für den Fall, dass er ein Gespräch wünschte. Er fragte mich nach meiner Meinung über den Tod und öffnete das Gespräch in Richtung Glauben. Es zeigte sich, dass er dem Jüdischen Glauben nahestand. Gemeinsam nahmen wir Kontakt zu einem Rabbiner auf und er konnte über den Tod seiner Frau mit ihm reden. Die Worte dieses Mannes trösteten ihn in seiner Trauer. Ich versuchte nicht, ihm meine eigenen Überzeugungen aufzudrängen. Ich hörte einfach zu und unterstützte ihn dabei, das zu finden, was für ihn Bedeutung hatte.

Seine Frau war immer diejenige gewesen,

die die sozialen Kontakte gepflegt hatte. Sie interessierte sich für jeden und pflegte ihre Beziehungen zu engen Freunden, Angestellten und entfernteren Bekannten. Sie organisierte, sie unterhielt, sie strahlte Herzlichkeit aus. Mit ihrem Tod musste Rolf lernen, selbst Verbindung mit anderen aufzunehmen. Dies führte dazu, dass er sich in den letzten Monaten seines Lebens sehr veränderte. Der einst zurückhaltende Mann, der seine Gefühle nicht gern zeigte, setzte sich nun aufs Sofa und legte den Arm um die Person neben sich. Er unterhielt sich mit dem Gärtner und empfing Besucher mit offenen Armen. Er zeigte seinen Kindern und Verwandten mehr Zuneigung als je zuvor. Seine Wandlung war beeindruckend. Als seine Zeit gekommen war, war seine Familie bei ihm. Sein letztes Wort war: Danke.

Rolf hat mich tief berührt. Ich hoffe, wenn meine Zeit kommt, dass auch ich mit einem dankbaren Herzen gehe.

KAPITEL 7

Lachen ist die Beste Medizin

Während du einem sterbenden Menschen hilfst sein seelisches Gepäck loszulassen, ist es auch ratsam Leichtigkeit und Freude zu fördern. Wenn wir lachen, sind wir glücklich und fühlen uns gut. Selbst in einem Moment der Belastung kann Lachen Freude in die Situation bringen.

In Gesprächen mit Menschen, die sich auf das Sterben vorbereiten, geht es oft darum, was noch zu erledigen ist, um Ängste oder um Reue. Das sind schwere und belastende Themen. Wenn du kannst, erinnere die Person an lustige und fröhliche Erinnerungen, an etwas, das Freude gebracht hat, oder zum Lachen anregte. Teile so viele dieser leichten, warmen Momente mit ihr wie möglich. Das bedeutet nicht, dass du zwanghaft Witze machen oder eine Komödie einschalten sollst, außer die Person wünscht es. Hier geht es um herzliches Lachen und darum, ein Gefühl der Leichtigkeit herzustellen.

Manchmal hilft es, sich an schöne Erlebnisse zu erinnern und an besondere Momente im Leben. Das kann helfen innere Balance zu finden, besonders wenn viele Gedanken an Vergangenes schmerzhaft sind. Wenn der Mensch eine spirituelle Überzeugung hat, hilf ihm, sich auf die tröstlichen und freudvollen Aspekte davon zu konzentrieren.

Lachen nimmt dem Moment die Schwere und je leichter wir packen, desto einfacher ist die Abreise.

Bob

Als ich Bob kennenlernte, hatte er sich gerade, mit 99 Jahren, ein schwarzes Scion FRS Sportauto gekauft und seinen Führerschein erneuert. Er war ein Freund einer meiner Klienten, und wir saßen täglich zusammen beim Mittagessen. Bobs Frau und mein Klient starben nur wenige Tage hintereinander. Ich bereitete gerade meinen Umzug von Santa Barbara zurück nach Los Angeles vor, brauchte aber noch ein paar Wochen, um alles zu regeln. In dieser Zeit ging ich weiterhin mit Bob in den Speisesaal zum Mittagessen. Er war noch voller Lebensenergie. Sein Verstand war noch vollkommen klar und er hatte noch Freude an Abenteuern.

Im Gespräch stellte er schnell fest, dass ich

Santa Barbara eigentlich gar nicht kannte, ob-
wohl ich dort schon fast ein Jahr gelebt hatte.
Ich hatte rund um die Uhr zu tun und keine
Zeit gehabt die Gegend kennenzulernen.

Bob sah das als Herausforderung. Er war ent-
schlossen, mir sein geliebtes Santa Barbara
schmackhaft zu machen. Auf seinen Wunsch
hin kam ich am nächsten Tag um zehn Uhr
zur Seniorenresidenz, um ihn zu treffen. Ich
wartete vor dem Eingang, als er auf seinem
Scooter ankam. Er konnte kaum noch laufen,
stieg aber mit Leichtigkeit vom Scooter in den
Fahrersitz seines Autos, als wäre er ein junger
Mann.

Ich war im ersten Moment wie erstarrt
und dann besorgt. In meinem Inneren schrie
ich: *„Steig nicht in dieses Auto!"* Aber er war
so voller Freude, ich wollte ihm das nicht
nehmen und setzte mich auf den Beifahrersitz.
Ich hoffte, dass wir einen kurzen Weg zum
Strand fahren würden. Doch kaum war der
Motor an erzählte mir Bob, wie sehr er Santa
Barbara liebte, und los ging die Fahrt. Wenige
Minuten später fuhren wir auf einer kurvigen
Bergstraße ohne Leitplanken, und ich spürte
förmlich den Tod in der Luft. Nicht seinen
Tod, nein, ich war überzeugt, dass es mein
eigener sein würde.

Er fuhr gut, besser als viele jüngere Fahrer,

aber ich hatte trotzdem Angst. Doch allmählich wurde ich ruhiger. Ich sagte mir: *„Bob bestimmt nicht mein Schicksal. Wenn heute mein Sterbetag ist, dann ist es eben so, und wenn nicht, dann überlebe ich."* Ich warf meine Angst zum Fenster hinaus und genoss die schöne Umgebung.

Wir fuhren an atemberaubenden Ausblicken vorbei, mit Blick auf die Chanel Islands und die Santa Ynez Berge, durch alte, nebelverhangene Eichenwälder, und vorbei an herrschaftlichen Villen und Avocado Plantagen. Er zeigte mir die tollen Häuser, die er vor Jahren selbst gebaut hatte.

Schließlich kamen wir bei einer Freundin von ihm an, bei der wir zum Essen eingeladen waren. Als sie zur Tür kam und mich sah, meinte sie: *„Gott, du bist mutig oder verrückt. Ich wäre nie in dieses Auto gestiegen."* Bob grinste und sagte: *„Ja, sie ist mutig. Aber auf der Bergstraße war sie blass wie ein Gespenst. Wahrscheinlich dachte sie, sie stirbt gleich."* Er lachte wie ein kleiner Junge, der gerade jemanden reingelegt hatte.

Das war der Beginn vieler Ausflüge. Nur wenige Tage später merkte er während einer Fahrt, dass ihm die Kraft ausging, und bat mich, das Steuer zu übernehmen. Zum Glück gefiel ihm mein Fahrstil. Von da an genoss er es, sich auf dem Beifahrersitz zu entspannen, während ich uns auf tägliche Entdeckungsreisen mitnahm. Jede Woche fuhren wir weiter hinaus. Es freute ihn Orte, die er seit Jahrzehnten nicht mehr besucht hatte, wiederzusehen. Seine Erzählungen reichten über ein ganzes Jahrhundert. Ich hörte gespannt zu und lernte viel über die Geschichte der Gegend.

Ich wohnte zu der Zeit allein in einem kleinen Apartment in der Nähe der Seniorenresidenz. Bob vermisste seine Frau, ihre Gesellschaft und das gemeinsame Fernsehen am Abend. Ich hatte keine Freunde in der Gegend und war abends oft allein zu Hause. So kam ich öfter zu ihm, um gemeinsam Zeit zu verbringen. Bob hatte einen herrlichen Humor, und wir lachten viel. Er hatte keine Religion und war überzeugt, dass mit dem Tod einfach alles vorbei ist. Sein Motto war es, das Leben so gut wie möglich bis zum Ende zu genießen.

Jeden Morgen, als ich in sein Zimmer kam, hatte er weniger Dinge. Er fing an, alles zu verschenken oder wegzuwerfen, sogar Fotoalben. Er wollte die Welt so verlassen, wie er sie betreten hatte, ohne Besitztümer. Seine Hinterlassenschaften waren geregelt und selbst die Seebestattung war organisiert. Was blieb, waren ein paar Möbel, Kunstwerke, Bücher und seine geliebte Kaffeemaschine.

Als er wusste, dass das Ende nahe war, wollte er keine Zeit verschwenden. Er fragte seinen Arzt, ob es ein Mittel gebe, damit er mehr Energie und Kraft erhalten könne . Der junge Arzt suchte nach den richtigen Worten, sagte aber schließlich: *„Nein".* Bob nahm diese Antwort an und bat sofort um eine Anmeldung im Hospiz. Als der Hospizmitarbeiter kam fragte Bob, ob man den Sterbeprozess beschleunigen könne. Ihm wurde erklärt, dass er entweder die Nahrungsaufnahme verweigern könne, was etwa drei Wochen dauert, oder auch auf Flüssigkeit verzichten könne, was in etwa drei Tagen zum Tod führen würde. Bob lächelte mich an und sagte: *„Ich hätte jetzt gerne ein Glas eiskaltes Wasser, aber ich werde es nicht mehr trinken."*

Er wollte keine Gespräche mit dem Hospizpersonal führen und auch nicht über sein Leben reden. Noch am selben Tag lud er seine engen Freunde ein und verabschiedete sich von allen. Er schenkte mir ein paar Fotos, mit der Auflage, sie niemandem sonst zu geben. Er wollte nicht, dass jemand auf die Idee kommt, mit einem Photo seinen Geist in einem spirituellen Ritual herbeizurufen, obwohl er an sowas überhaupt nicht glaubte.

In den folgenden Tagen bat er mich, sein

Zimmer auszuräumen. Er wollte alles leer haben. Ich hatte keine Lust die schweren Möbel rauszuschleppen und so einigten wir uns darauf dass er, wenn es soweit sei, sich einfach zur weißen Wand hinddrehen würde und sich vorstelle, dass alles weg sei.

Das Hospiz stellte ihm Morphium zur Verfügung. Nach der ersten Dosis sah er ein Kaninchen durch das Zimmer laufen. *„Oh nein, jetzt wollen sie mich doch noch zum Drogensüchtigen machen in meinen letzten Tagen."* Und das war es mit den Medikamenten, er nahm nichts mehr zu sich.

In den letzten zwei Tagen saßen wir in seinen beiden übrig gebliebenen Sesseln. Er meinte, ich solle meine Zeit nicht mit ihm verschwenden, sondern mich wieder ganz meinem Beruf als Business Transformation Coach und Quantum Shifting Facilitator widmen. Ich lachte und sagte ihm, er sei zu schwach, um mich rauszuwerfen, und ich würde so lange bleiben, wie es ihm Freude bereiten würde. Natürlich fragte ich ihn, ob er wirklich allein sein wolle, oder ob er nur dachte, ich solle meine Zeit nicht verschwenden. Er meinte, er genieße meine Gesellschaft und ich blieb. Wir lachten viel an diesem Abend.

Ich hatte zwei Bitten an ihn. *„Bob"*, sagte ich, *„erstens, da niemand wirklich weiß, was*

41

beim Tod passiert, bitte ich dich offen zu sein, falls man doch etwas erlebt. Vielleicht siehst du ja ein Licht oder deine Frau oder irgendwas und in dem Fall sei offen für Überraschungen." Er verdrehte die Augen und lächelte. „*Und das Zweite?*", fragte er. Ich grinste: „*Wenn du aber rausfindest, dass du als Geist unterwegs bist, versprich mir, dass du nicht nachts in meiner Wohnung aufkreuzt und die Lichter anknipst, keine Spukereien!*" Er lachte so sehr, dass sein Sessel wackelte. „*Ich verspreche es, auch wenn das wirklich Spaß machen würde.*" In dieser Nacht schliefen wir beide in den Sesseln.

Am nächsten Morgen half der Hospizpfleger ihm ins Bett. Er sprach kaum noch, seine Stimme war schwach. Ich saß bei ihm, wischte ihm die Stirn und cremte seine Hände ein. Auf seinen Wunsch hin half ich ihm, sich zur Wand hin zu drehen. Er war altmodisch und schüchtern. Bis zuletzt wusch er sich selbst und zog sich allein an. An seinem letzten Tag war er zu schwach ins Bad zu gehen und die Pfleger halfen ihm, während ich das Zimmer verliess, um seine Privatsphäre zu respektieren.

Ich spürte, dass er nicht wollte, dass ich seinen Tod mitansehe. An seinem letzten Tag gab ich ihm die Wahl, entweder in meiner Gegenwart oder Abwesenheit zu sterben. Ich sagte ihm alle paar Stunden, dass ich kurz weggehen würde, um einen Kaffee zu trinken oder um etwas zu essen. Ich sagte ihm, dass ich 20 Minuten weg sei, falls er lieber allein sein möchte beim Sterben und dann wiederkomme, falls er mich da haben möchte. Bevor ich ging sagte ich ihm noch, dass ich ihn lieb habe.

Als ich nachmittags wieder eine Weile das Zimmer verlassen wollte, strich ich ihm vorher kurz übers Haar und gab ihm einen leichten Kuss auf die Stirn. Ich sagte leise, dass ich eine Stunde raus gehe, damit er die Möglichkeit habe, allein zu sterben, falls er es so wünschte. Ich war gerade vor die Haustür getreten, als mein Telefon klingelte und die Pflegerin mir mitteilte, dass Bob gerade gestorben sei. Sie hatte von der Tür aus beobachtet, wie er seine Hand auf die Stirn gelegt hat, genau an die Stelle, wo ich ihn zuvor geküsst hatte. Sie dachte, er wollte etwas, als er seine Hand hob und ging ins Zimmer, aber er war bereits friedlich gegangen.

Ich bin dankbar, dass ich diesen Weg mit ihm gehen durfte.

In seinem Leben sowie in seinem Sterben war Bob eine große Inspiration für mich.

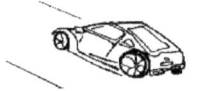

KAPITEL 8

Jeder Mensch
ist Anders

Ich habe viele Menschen in ihren letzten Tagen begleitet. Manche fanden Trost in der Nähe geliebter Personen, während andere, wie Bob, es vorzogen, ihre letzten Momente in Stille und Alleinsein zu verbringen.

Oft verspüren nahestehende Menschen das Bedürfnis, sich ein letztes Mal zu verabschieden. Doch es ist wichtig, sich daran zu erinnern, dass dieser Moment dem Sterbenden gehört und nicht denjenigen, die zurückbleiben.

Deine Aufgabe ist es, ihren Wünschen zu folgen und einen Raum zu schaffen, der so friedlich und stressfrei wie möglich ist, selbst wenn das bedeutet, den Besuch auf ein Minimum zu beschränken. Das kann schwer sein, aber es ist entscheidend. Was du für das Beste hältst, ist zweitrangig. Was der Sterbende sich wünscht ist wichtig. Wenn du bei jemandem bist, der im Sterben liegt, biete ihm die Wahl, ob er in Stille gehen oder jemanden an seiner Seite haben möchte.

Das ist seine Reise. Vertraue darauf, dass er den Weg, den er gehen möchte, spürt.

Marys Abschiedsfest

Mary war ein Mensch, der die Gesellschaft anderer liebte. Ihr ganzes Leben lang genoss sie es, Familie und Freunde um sich zu haben. Sie kannte jeden in der Nachbarschaft, und auch als sie in ein Pflegeheim zog, begegnete sie ihrer neuen Gemeinschaft mit derselben Herzlichkeit. Als sich ihr Leben dem Ende zuneigte, lud sie viele Freunde und Familienmitglieder ein, sie zu besuchen. Sie freute sich daran, ihnen zu sagen, wie sehr sie ihre Gegenwart schätzte. Das Pflegepersonal wurde gebeten, sofort ihre Kinder, Enkel und Urenkel anzurufen, wenn sie dachten, es geht dem Ende zu.

Mary starb in den Armen ihrer Tochter, umgeben von den Menschen, die sie liebte, genau so, wie sie es sich gewünscht hatte.

Das größte Geschenk, das du einem sterbenden Menschen machen kannst, ist es seine Entscheidung zu respektieren und so gut es geht zu Ermöglichen.

Henry

Henry war Anfang fünfzig und starb an Krebs.

Die Schmerzen waren unerträglich geworden, und er war bereit loszulassen. Seine Frau und Tochter baten ihn weiterzukämpfen, in der Hoffnung etwas mehr Zeit zu gewinnen. Aber Henry wusste, dass es vorbei war. Er hielt sich krampfhaft am Leben, Tag für Tag, Stunde um Stunde, unfähig, den letzten Schritt zu gehen.

Seine Frau wich kaum von seiner Seite, sie war fast rund um die Uhr bei ihm. Sie ging nur weg, wenn ihre Tochter da war, um sie abzulösen. Freunde, die zu Besuch kamen, ermutigten sie liebevoll, Henry die Erlaubnis zu geben zu gehen. Doch seine Frau Karen bestand darauf, bei ihm zu bleiben. Sie fürchtete, sich nie verzeihen zu können, wenn sie in seinem letzten Moment nicht da wäre.

Nach vielen Tagen dieser erschöpfenden Wache griff eine Krankenschwester ein. Sie erklärte Karen, wie sehr ihre Anwesenheit ihn festhielt. Sie ermutigte Karen und ihre Tochter, Henry den inneren und äußeren Raum zu geben, den er vielleicht brauchte, um loslassen zu können.

Karen hörte zu. Sie und ihre Tochter sprachen mit Henry, der kaum noch bei Bewusstsein war. Sie versicherten ihm, dass es in Ordnung sei zu gehen, und dass sie zurechtkommen würden. Karen sagte: *„Wenn du möchtest, dass ich deine Hand halte, bin ich in einer Stunde wieder da. Wenn du diesen letzten Schritt allein gehen möchtest, geben wir dir jetzt diesen Raum."*

Sie umarmten ihn, küssten ihn und verließen das Zimmer. Zehn Minuten später, als die Krankenschwester nach ihm sah, war Henry gegangen.

KAPITEL 9

Ein Letzter Besuch

Besuchen oder nicht besuchen, das ist eine zutiefst persönliche Entscheidung, und sie sollte dem Menschen gehören, der im Sterben liegt.

Ein lieber Freund von mir war am Ende seines Kampfes gegen den Krebs angelangt. Ich sehnte mich danach, ihn noch einmal zu sehen. Wir hatten eine jahrzehntelange Freundschaft gepflegt, und ich wollte, dass er wusste, dass ich für ihn da war. Zufällig hatte ich am nächsten Tag geschäftlich in seiner Stadt zu tun, also rief ich ihn an. Zu meiner Überraschung ging er ans Telefon.

Für einen Moment fühlte es sich wie früher an. Wir lachten und erinnerten uns an gemeinsame Abenteuer. Ich sagte ihm, dass ich in der Stadt sei und ihn gerne besuchen würde. Er dankte mir und sagte: *„Ich weiß, dass du kommen würdest, aber ich möchte es bei diesem Gespräch belassen. Ich will niemanden mehr sehen. Ich möchte, dass du mich so in Erinnerung behältst, wie ich war. Es war eine schöne Reise, keine langen Abschiede nötig. Danke, dass du angerufen hast.“*

Das war unser letztes Gespräch. Natürlich war ich sehr traurig, aber ich war auch dankbar, dass ich seinen Wunsch respektiert hatte. Es wäre leicht gewesen, trotzdem im Krankenhaus vorbeizugehen, aber das wäre nur zu meiner Befriedigung gewesen und nicht für ihn.

Nicht jeder bekommt diese Wahl. Einer meiner Klienten hatte weniger Glück. In seinen letzten Tagen entschieden entfernte Verwandte, trotz seiner freundlichen Bitte nicht zu kommen, ihn doch noch zu besuchen. Sein Körper war schwach, er war nicht mehr der lebendige Mensch, den sie kannten. Und doch fand er die Kraft, sie zu trösten und sich zu bedanken.

In unserem letzten Telefonat vertraute er mir an: *„Ich habe nur noch wenig Zeit in diesem Körper, und ich wollte sie nutzen Frieden zu finden und nicht für andere da zu sein. Aber offensichtlich brauchten sie mich, also gab ich ihnen was ich konnte.“*

Viele Menschen fühlen sich schuldig, wenn sie es nicht mehr geschafft haben, rechtzeitig ans Sterbebett eines geliebten Menschen zu kommen. Sie glauben, sie hätten damit eine Schuld auf sich geladen. Doch das ist unrealistisch.

So wie die Geburt ein tiefgreifendes, oft chaotisches Ereignis ist, so ist es auch der Tod. Manche Menschen möchten diesen Übergang lieber allein erleben. Der Prozess kann körperliche Veränderungen mit sich bringen, die sie lieber nicht zeigen möchten. Die geräuschvolle terminale Sekretion durch Flüssigkeit in der Lunge oder die letzte Muskelentspannung, die den Körper entleert, ist für manche Menschen eine extrem anstrengende und intime Phase. Sie wollen Ihre Liebsten davor bewahren, diesen Kampf miterleben zu müssen. Aber jenseits des Körperlichen ist das Lebensende oft eine Zeit tiefer innerer Einkehr. Bevor du auf einen Besuch bestehst, frage dich selbst. ob du als Unterstützung besuchst, oder um Trost für dich selbst zu finden.

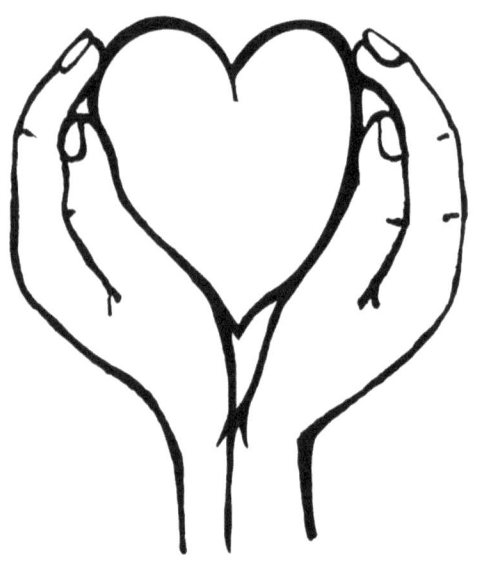

KAPITEL 10

Möglichkeiten der Non-Verbalen Kommunikation

Wenn ein Mensch an Demenz leidet, im Koma liegt oder nicht mehr verbal kommunizieren kann, ist es noch wichtiger ganz präsent zu sein. Wie im Kapitel *„Gepäck"* pack auch hier deine Emotionen und Anliegen in den Koffer, den du vor der Tür deponierst. Dann atme tief durch und stelle dich ganz auf die sterbende Person ein.

Um eine tiefere Verbindung und Nähe herzustellen kann eine sanfte Berührung, wenn diese willkommen ist, hilfreich sein. Es ist wichtig, jede Berührung vorher anzusagen. Eine unerwarteter Reiz kann Unruhe oder Angst auslösen.

Stell dir vor, du hast einen Säugling vor dir. Das Baby versteht deine Worte nicht, aber es spürt deine Gefühle. Wenn du ängstlich, traurig oder überfordert bist, reagiert das Baby mit Unruhe. Genau so ist es auch bei einem

Menschen, der nicht mehr verbal kommunizieren kann. Er spürt deinen inneren Zustand und es ist daher wichtig, dass du Frieden, Liebe und Geborgenheit ausstrahlst.

Mein Vater hat eine Zeitlang in einem Krankenhaus Patienten, die nicht verbal kommunizieren konnten oder nicht bei Bewusstsein waren, betreut. Er behandelte sie mit Akupunktur. Diese Patienten waren an Monitore angeschlossen und man konnte die Reaktionen messen. Er lernte dabei, dass die Patienten ruhiger wurden, wenn man leise mit ihnen sprach. Oft redet man lauter, weil man denkt, dass der Mensch einen dann besser versteht, aber an den Monitoren konnte man sehen, dass ein Flüstern nahe am Ohr eine beruhigende Wirkung hatte.

Falls ein Mensch unruhig atmet, kannst du ihn auch beruhigen, indem du zuerst deinen Atem seinem unruhigen angleichst und dann langsam deinen Atem ruhiger werden lässt.

Musik und das Vorlesen aus Lielingsbüchern oder religiösen Texten können ebenfalls beruhigend wirken. Ein bestimmtes Musikstück kann Erinnerungen wecken, gerade bei Menschen mit Demenz. Es kann sie in glückliche Momente zurückversetzen und genau wie Lachen die Stimmung heben. Musik kann Unruhe lindern und, wenn es sich um geistliche Musik handelt, den Glauben stärken.

Eine mir bekannte alte Dame, die durch ihre Demenz völlig orientierungslos war, genoss es, wenn man ihr alte Gedichte vorlas. Sie konnte sich dann plötzlich trotz Demenz an die Texte erinnern und selbst das Gedicht zu Ende aufsagen. Sie wurde fröhlich und gewann an Zuversicht. Das Vorlesen dieser Texte und Gedichte wurden zu Pfeilern, an denen sie sich festhalten konnte.

Finde heraus, was deine Person gern hört. Wenn du ruhig auf die Person zukommst und einfach ganz da bist, wirst du bemerken, was ihr gut tut. Auch ohne Worte können Gefühle, Bedürfnisse oder Gedanken ihren Weg finden. Wenn du Frieden und Liebe schenkst, erhältst du selbst auch inneren Friedens.

A - maz—ing   grace

KAPITEL 11

Clark und die Kraft der Musik

Clark lag im Krankenhaus. Er war dem Tod nahe und sprach nicht mehr. Es gab nicht genug Personal, um sich wirklich um die Patienten zu kümmern. Ich war damals Hospizhelferin. Als ich sein Zimmer betrat, bemerkte ich, wie er versuchte, dem Fernseher, der über seinem Bett hing, auszuweichen. Er schien unruhig und drehte den Kopf hin und her. Ich stellte mich ihm vor und fragte, ob ich den Fernseher ausschalten solle. Er sagte nichts, aber sein Blick wich immer wieder vom Bildschirm ab. Ich probierte es aus und schaltete den Fernseher ab. Sofort wurde er ruhiger.

Ich setzte mich an sein Bett und befeuchtete immer wieder seine trockenen Lippen mit Eisstückchen, die mir die Krankenschwester gegeben hatte. Clark war unruhig. Nach einer Weile des Beobachtens bat ich innerlich im Stillen, dass er mir mitteilen möge, was ich für ihn tun könnte. In meiner kurzen Meditation bekam ich als Antwort: Musik.

Die Krankenschwester erzählte mir, dass es

einen CDspieler und viele CDs gäbe. Es war noch vor der Zeit von Spotify und anderen internet streaming Möglichkeiten. Ich stimmte mich noch einmal auf ihn ein und schlug den CD Ordner auf. Ich war bei Jazz und Gospel gelandet. Als ich eine CD mit Amazing Grace von Aretha Franklin sah, wusste ich sofort, das ist es. Ich nahm noch ein paar andere Jazz CDs mit und kehrte in sein Zimmer zurück.

Kaum erklang Arethas Stimme, wurde sein Blick weich, sein Atem ruhiger, und sein ganzer Körper entspannte sich. Er schlief ein. Ich ließ ihn ruhen und kam ein paar Stunden später wieder. Die Krankenschwester erzählte mir, dass sie ihn seit Tagen nicht mehr so entspannt erlebt hatte. Ich befeuchtete weiter seine Lippen und saß einfach bei ihm, während im Hintergrund leise Musik spielte. Bevor ich für die Nacht ging, legte ich noch einmal Amazing Grace auf. Ein kleines, friedliches Lächeln zeigte sich auf seinem Gesicht, als er die Augen schloss und wieder einschlief.

Kurz danach, als ich nach Hause fuhr, rief mich die Krankenschwester an. Clark war gestorben. Die Musik spielte noch und füllte den Raum mit Wärme, während er seine letzte Reise antrat.

KAPITEL 12

Ängste am Lebensende

Manche Menschen haben große Angst oder sind einfach noch nicht bereit zum Sterben, selbst wenn der Tod schon ganz nah ist. Wenn ich mich um jemanden kümmere, der in seinen letzten Tagen grosse Angst verspürt, versuche ich zuerst, die Ursache dieser Angst zu verstehen. Liegt es an Schuldgefühlen oder Reue? An dem Gefühl, etwas nicht vollendet zu haben? An dem Glauben, nicht gut genug gelebt zu haben? Was auch immer der Grund ist, helfe ich zuerst dabei, diese emotionale Last zu erleichtern, wie ich es in den vorhergehenden Kapiteln beschrieben habe.

Es ist sehr hilfreich, wenn du herausfinden kannst, was deine Person über den Tod oder eventuell das Leben nach dem Tod denkt. Dann ist es gut zu sehen, ob es Informationen gibt, die im Einklang mit ihrem Glauben oder ihrer Weltanschauung sind, wie zum Beispiel Bücher, Filme oder Rituale, die Trost spenden können.

Ich glaube, dass uns beim Tod genau das begegnet, was wir erwarten. Schon als Kind hatte ich mit der Vorstellung von Himmel und Hölle, wie sie im Christentum oft beschrieben wird, große Schwierigkeiten. Die Vorstellung, dass nur Menschen mit einem bestimmten Glauben in den Himmel kommen, hat sich für mich nie richtig angefühlt. Ich fragte mich, wieso ein allmächtiger Gott Menschen vom Himmel ausschliesst, die zum Beispiel nie von Jesus gehört haben, weil sie in einer anderen Region, wie im tiefsten Regenwald oder auf einer einsamen Insel leben. Solch ein Gottesbild ergab für mich keinen Sinn.

Später, als Jugendliche, faszinierte mich das Thema der Nahtoderfahrungen. Ich lernte, dass die Erlebnisse des Jenseits in diesen Beschreibungen, je nach Kultur und persönlichen Überzeugungen sehr unterschiedlich waren und mit deren traditionellen Vorstellungen einhergingen. Diese Neugier brachte mich dazu, Religionswissenschaften zu studieren, besonders mit Blick auf Rituale und Glaubensvorstellungen rund um das Lebensende.

Viele Traditionen bieten eine Begleitung für Sterbende an. Es gibt bestimmte Wege, sie auf ihre Reise vorzubereiten, wie Absolution, Gebete für eine sichere Reise oder Segnungen für inneren Frieden. Wenn jemand mit Angst zu kämpfen hat, besonders wenn er an ein Fegefeuer glaubt, kann man ihm helfen, seine Sichtweise zu verändern. Unterstütze ihn dabei, sich selbst zu verzeihen. Ermutige ihn, auf das Licht zuzugehen, falls er ein Licht sieht, und darauf zu vertrauen, dass Liebe und Frieden für alle Menschen da sind.

Im tibetischen Buddhismus werden für Verstorbene an mehreren Tagen hintereinander Gebete gesprochen, um ihnen auf ihrem Weg durch das Jenseits zu helfen. Diese Anleitung ist in *Das Tibetische Totenbuch*, einem alten Text, der in verschiedenen Übersetzungen erhältlich ist, enthalten.

Wenn ein Mensch sich trotz deiner Versuche, ihm Trost und Erleichterung zu bringen immer noch nicht würdig für einen Ort wie den Himmel fühlt, kannst du natürlich für ihn in deinem Herzen beten.

Jim

Jim war ein Klient, der, als ich ihn kennenlernte, bereits seit vielen Jahren krank und körperlich eingeschränkt war. Er hatte starke Schmerzen, und zu Beginn unserer Arbeit ging es vor allem darum, diese Schmerzen mit Hilfe der Quantum Heart Field Experience, einer Methode, die ich entwickelt habe, zu lin dern. Da seine Leiden als nicht mehr heilbar galten, war das andere Ziel unserer Zusammenarbeit, ihn auf seinen Tod vorzubereiten Er erzählte mir, dass ein enger Verwandter ihm immer wieder gesagt habe, er sei krank, weil er gesündigt und die Kirche verlassen habe. Mit anderen Worten: Er habe es verdient.

Dieser Glaubenssatz verstärkte nicht nur sein körperliches Leiden, sondern führte auch zu Schuldgefühlen, Selbstzweifeln und untergrub jeden Heilungsversuch. Auch seine Angst vor dem Tod wurde dadurch größer.

Es ist nicht ungewöhnlich, in Zeiten von Schmerz oder Verlust zu fragen: Warum passiert mir das? oder, Was habe ich getan, um das zu verdienen? Aber das Leben folgt keiner klaren Ursache-Wirkung Logik.

Es gibt Erwachsene und sogar Babys, die schreckliche Schicksale haben, ohne etwas *„sündiges"* getan zu haben und andere, die ein *„sündiges"* Leben gesund und munter leben.

Um Jim dabei zu unterstützen, sich von seinen Schuldgefühlen zu befreien, lud ich ihn ein, den Lebensweg anderer Menschen zu betrachten, sowohl jener, die er als *„gut"* ansah, als auch derjenigen, die er als *„schlecht"* empfand.

So erkannte er langsam, dass Leiden nichts mit Frömmigkeit oder moralischer Wertigkeit zu tun hat.

Sich selbst oder anderen die Schuld zu geben, bringt keine Lösung. Viel hilfreicher ist es, das Geschehene als Teil des Lebens anzunehmen und den Blick nach vorn zu richten. Fragen wie: *„Wie kann ich mit dieser Herausforderung umgehen?" „Was kann ich daraus lernen?" „Wie geht es jetzt weiter?"* öffnen den Weg zu innerem Frieden.

Mit der Zeit konnte er den Gedanken loslassen, sein Leiden sei eine Strafe für vergangene Fehler. Aber eine leise Angst vor Tod und Fegefeuer blieb bestehen.

Ich ermutigte ihn, sich auf YouTube Videos über Nahtoderfahrungen (NDEs) anzusehen, um andere Perspektiven, als die vom Fegefeuer, zu stärken. Diese Videos haben ihm sehr geholfen und er bekam eine weniger beängstigende Vorstellung vom Tod.

Jim und ich arbeiteten mehr als drei Jahre immer wieder zusammen. In dieser Zeit überwand er einen großteil seiner Angst.

Jims Vater war zu der Zeit ebenfalls schwer erkrankt und dem Tod nahe. Er hatte große Angst vorm Sterben. Durch alles was Jim in unserer gemainsamen Arbeit gelernt hatte, wollte Jim jetzt seinem Vater beistehen und ihm helfen die Angst abzubauen. Da sie weit von einander entfernt waren sollte dies telefonisch stattfinden. Aber bereits einige Tage später starben beide innerhalb von wenigen Stunden. Ich bin sicher, Jim hat seinen Vater begleitet.

Jims Weg erinnert uns daran, dass es am Ende vor allem darum geht, Frieden zu finden. Angst schwindet, wenn man sich getragen fühlt, verstanden wird und innerlich zur Ruhe kommt. Durch liebevolle Präsenz, geteilte Weisheit oder einfach dadurch, dass man da ist, kann man helfen, die Angst der Sterbenden zu lindern.

KAPITEL 13

Dies ist nicht die Zeit Jemanden zu Bekehren

Leider meinen viele Leute es zu gut. Sie denken, dass ihre Religion die einzig richtige Antwort ist und den Sterbenden retten wird. Manche drängen sogar auf eine Nottaufe. Wenn der Sterbende dieses wünscht, dann finde Wege dies zu erfüllen, aber wenn der Sterbende eine andere Auffassung hat, lass ihm die seinige. Jetzt ist nicht die Zeit, den anderen zu bekehren. Es ist die Zeit, Trost zu spenden und bedingungslos da zu sein.

Finde heraus, was deinem geliebten Menschen inneren Frieden schenkt und unterstütze ihn auf seinem Weg, ganz in seinem Sinn.

KAPITEL 14

Bücher und Videos
die Trost Spenden

In Zeiten des Abschieds können Bücher liebevolle Begleiter sein. Sie können helfen, das Unfassbare ein wenig greifbarer zu machen und Hoffnung oder einfach das Gefühl, nicht allein zu sein, schenken. Hier sind einige Bücher, die ich besonders hilfreich und tröstlich finde.

Bücher die Trost spenden

• *Zu Hause in Gott - Über das Leben nach dem Tode* – Neale Donald Walsch

„*Zuhause in Gott*" ist ein berührendes Buch in Dialogform, das die großen Fragen des Lebens und Sterbens behandelt, von der Essenz unseres Seins über den Sinn des Lebens bis hin zum Tod als Übergang in eine andere Dimension und der Frage: „*Was kommt danach?*"

• *Das zweite Leben des Billy Fingers*: Wie mein Bruder mir aus dem Jenseits bewies, dass es nach dem Tod weitergeht
– *Annie Kagan*

Ein außergewöhnlicher Bericht über das Leben nach dem Tod, erzählt aus der Sicht des Verstorbenen – berührend und augenöffnend.

- *Blick in die Ewigkeit*: Die faszinierende Nahtoderfahrung eines Neurochirurgen – *Dr. Eben Alexander*

Dieses Buch ist wissenschaftlich fundiert und spirituell inspirierend.

- *Leben nach dem Tod*: Die Erforschung einer unerklärlichen Erfahrung – *Raymond A. Moody*

Ein Klassiker über Nahtoderfahrungen. Eine Sammlung von Nahtod Berichten

- *Zurück ins Leben*: Die wahre Geschichte des Mannes, der zweimal starb – *Dannion Brinkley*

Eine Autobiographie über die Erlebnisse eines Mannes im Jenseits und die Offenbarungen die er dort erhielt.

- *Rückkehr von Morgen* – *Dr. George G. Ritchie*

Ein zutiefst bewegender Bericht über eine
Erfahrung im Jenseits und die Rückkehr ins
Leben.

Videos die Trost spenden

Auch Dokumentationen können helfen,
Ängste zu mildern und ein neues Verständnis
zu öffnen:

> • *Near-Death Experiences* - Eine Doku-
> mentarreihe von *Anthony Chene*

Mit einfühlsamen Interviews und spannenden
Nahtod Erfahrungsberichten aus aller Welt.

> • *Everybody Dies But Some Die and Come
> Back* - Eine Doku-Reihe von
> *Elliot und Jesse Estrin*

Lebensnahe Erzählungen von Menschen, die
dem Tod erlebt haben und verändert zurück-
kamen.

> • *The Tibetan Book of the Dead: A Way of
> Life* - Narrated by *Leonard Cohen*

Ein eindrucksvoller Einblick in die tibet-
isch-buddhistische Sicht auf den Tod und das
Weitergehen der Seele.

KAPITEL 15

Die Eigenen Gefühle

Du weißt inzwischen, dass ich dich dazu ermutige, deine persönlichen Themen vor der Tür zu lassen und dich ganz auf den Menschen zu konzentrieren, der sich auf seine letzte Reise vorbereitet. Wenn du emotional nicht involviert bist, fällt das leichter. Aber was tun, wenn deine eigenen Gefühle plötzlich auftauchen, alte Wunden schmerzen, ungelöste Geschichten quälen, dich Trauer überwältigt oder Wut aufkommt? Wenn du dich überwältigt fühlst, nimm dir eine Auszeit. Geh kurz nach draußen, auf die Toilette, hol dir eine Tasse Tee oder atme einfach tief durch.

Wenn du alleine bist, nimm wahr, was in dir vorgeht und finde einen Weg, es loszulassen. Geh spazieren, räume Möbel um oder schrei in ein Kissen. Was du unterdrückst, bleibt nicht nur bestehen, es wird stärker. Wenn du deine Gefühle verdrängst, gewinnen sie an Macht und machen den Besuch für dich und alle anderen schwerer.

Manchmal holen uns alte Verletzungen einfach ein. Sie tauchen wie Monster auf, die ein letztes Mal zuschlagen wollen. Sie flüstern uns zu, dass Vergeltung Genugtuung bringen wird, aber das ist eine Lüge. Was ich gelernt habe ist: Der Wunsch nach Rache nährt nur den Schmerz, hält ihn am Leben und trägt ihn in die Zukunft. Trauern wird so viel leichter, wenn du vergibst.

Nisargadatta Maharaj schreibt in seinem Buch *Ich Bin*: „*Die Erinnerung an unerfüllte Wünsche aus der Vergangenheit bindet Energien, die sich als Person manifestieren. Wenn diese Energie erschöpft ist, stirbt die Person. Die unerfüllten Wünsche tragen sich in die nächste Geburt weiter. (...) Ich sage nicht, dass dieselbe Person wiedergeboren wird. Sie stirbt und das endgültig. Aber ihre Erinnerungen, Wünsche und Ängste bleiben. Sie liefern die Energie für die neue Person.*“

Michael

Michael war mein bester Freund auf dem Internat. Er starb bei einem Autounfall. Sechs Monate vor seinem Tod hatten wir einen schlimmen Streit, wir sprachen nicht mehr miteinander. Ich vermisste ihn sehr. Bis dahin hatten wir über alles geredet: unsere Ängste, Wünsche, unseren Glauben. Wir führten lange philosophische Gespräche und spendeten ein ander Trost in schwierigen Zeiten. Im Internat, weit weg von zu Hause, war er mein Fels in der Brandung.

Eines Morgens wachte ich auf und wusste einfach: Dieser Streit war den Verlust nicht wert. Ich rief ihn noch am selben Tag an, und wir telefonierten stundenlang. Wir klärten alles, lachten wieder wie früher, und ich fühlte mich so erleichtert. Michael war nicht mehr an der Schule, und wir hatten uns ein paar Monate nicht gesehen. Am Telefon planten wir, uns in drei Wochen in den Ferien zu treffen. Ich war glücklich. Ich hatte meinen Freund zurück.

Ich habe Michael nie wieder gesehen. Eine Woche vor unserem geplanten Treffen ist er gestorben.

Sein Tod war ein tiefer Einschnitt in meinem Leben. Als Teenager dachte ich, ich würde diesen Schmerz nie überwinden. Aber irgendwann wurde der Schmerz weniger. Was mir geholfen hat, war das Wissen: Ich hatte keine Schuldgefühle. Kein *„hätte ich nur"*. Kein *„Ich wünschte, ich hätte mich entschuldigt"* oder *„Ich hätte ihn um Verzeihung bitten sollen"*. Wir hatten uns vergeben und den Streit beseitigt.

Heute erinnere ich mich nicht einmal mehr daran, worum es in unserem Streit eigentlich gegangen war. Was geblieben ist, ist eine liebevolle Erinnerung an eine wunderschöne Freundschaft. Wenn dir etwas auf dem Herzen liegt, warte nicht bis es zu spät ist, sprich es an, vergib und lass Liebe das sein, was bleibt.

Brenda

Brenda hatte gemischte Gefühle ihrem Ex-Mann gegenüber. Sie hatten drei wundervolle Kinder miteinander, aber die Ehe war oft schwierig gewesen, und sie hatte sich in dieser Zeit oft einsam gefühlt. Die Scheidung verlief friedlich, sie blieben befreundet, doch einige alte Wunden waren nie ganz verheilt.

Als ihr Ex-Mann dem Tod näher kam, besuchten sie und ihre gemeinsamen Kinder ihn regelmäßig. Brenda achtete darauf, nie allein mit ihm zu sein. Sie wusste, dass er Schuldgefühle mit Bezug auf ihre Ehe hatte. Vor allem, dass er emotional nicht für sie da gewesen war. Doch sie wollte das nicht hören. Tief in ihrem Inneren trug sie noch immer einen Groll. Wenn das Gespräch zu nahe an diese verletzten Gefühle heranrückte, stand sie einfach auf und ging hinaus. Auf diese Weise konnte sie für ihn da sein, ohne von ihren eigenen, ungelösten Emotionen überwältigt zu werden.

Nach jedem Besuch bemühte sie sich bewusst, ihm innerlich zu verzeihen. Mit jedem Schritt ließ sie ein Stück der alten Veletzungen los, die Einsamkeit in der Ehe, das Gefühl, nicht gesehen worden zu sein, all die Momente, die sie sich anders gewünscht hatte. Und je mehr sie losließ, desto leichter fiel es ihr, bei ihm im Raum zu bleiben.

Schließlich sprachen sie doch über ihre gemeinsame Zeit. Und sie konnten alles in einem neuen Licht sehen. Sie erkannten, dass diese Jahre auch eine Zeit des Lernens und Wachsens gewesen waren und dass sie ihnen das Schönste überhaupt geschenkt hatten: drei wundervolle Kinder.

Brenda hat in dieser Zeit nicht nur ihm Frieden geschenkt, sie hat ihn auch in sich selbst gefunden.

Frieden ist nicht nur ein Geschenk für die Sterbenden. Es ist ein Geschenk, das du dir selbst machst.

KAPITEL 16

Wenn Alles
Nichts Hilft

Es gibt Menschen die am Ende so sehr in ihren körperlichen Schmerzen gefesselt sind, dass es so scheint, als könnten sie keinerlei Hilfe annehmen. Es kann auch sein, dass du es nicht mehr schaffst, ihr Leiden mitanzusehen. Manche Menschen kann man auch nicht erreichen und sie wollen keine Hilfe annehmen. Es muss nicht alles gelingen was man tut, nimm dir dies auf gar keinen Fall übel.

In schwierigen Zeiten ist es sehr wichtig, dass man sein eigener bester Freund ist. Suche dir Hilfe und Trost und stehe die selbst zur Seite. Vergiss nicht, dass auch wenn alles nicht zu klappen scheint, du trotzdem gut tust.

Uta

Utas Mutter befand sich schon länger im Endstadium einer schweren Krebserkrankung. Über Jahre war das Verhältnis von Uta und ihrer Mutter nicht besonders gut gewesen. Zu Beginn der Erkrankung fanden zum Glück wichtige Gespräche statt, die die beiden wieder viel näher zueinander brachten. Dennoch waren Begegnungen nicht so einfach herzustellen, da sie rund 800 Kilometer voneinander entfernt wohnten.

Eines Nachmittags spürte Uta, dass sie jetzt direkt zu ihrer Mutter hinfahren müsse. Sie teilte es ihrer Familie mit und stieg in einen Zug. Sie kam weit nach Mitternacht in dem Pflegeheim, in dem sich ihre Mutter befand, an.

Dort bot sich ihr ein trauriges Bild. Ihre Mutter war von Schmerzen und Unruhe gequält und war nicht mehr ansprechbar. Sogar Berührungen schien sie nicht mehr aushalten zu können.

Uta setzte sich an das Bett und war einfach nur da, bereit, diesen letzten schweren Kampf mit zu tragen. Vier Stunden später war der Kampf zu Ende und ihre Mutter tat mit schmerzverzerrtem Gesicht den letzten Atemzug.

Obwohl kein Gespräch mehr stattfinden konnte und auch kein körperlicher Kontakt mehr möglich war, so war Uta doch dankbar, dass sie das Signal des herannahenden Endes wahrgenommen hatte, sich unverzüglich auf den Weg gemacht hatte und so einfach nur da sein durfte, und, dass ihre Mutter in dieser schweren Situation nicht allein war.

Schmerz einer Mutter

Ich lernte Megan vor Jahren auf einem Kongress kennen. Sie erzählte mir ihre Geschichte. Zwei Jahre zuvor, als ihr 4 Monate alter Sohn unheilbar krank war, schrie er am Ende fast ununterbrochen vor Schmerzen. Sie war seit Wochen immer an seiner Seite und selbst völlig erschöpft. Als das Schreien schlimmer wurde konnte sie plötzlich nicht mehr in das Krankenhauszimmer ihres Sohnes gehen, weil sie es einfach nicht mehr aushielt.

Sie war damals in Dr. Jerry Jampolskys Ausbildung für Attitudinal Healing. Sie rief ihn an und bat um seine Hilfe. Sie erzählte mir, sie wisse nicht mehr genau wie Jerry es geschafft hatte, aber er hatte sie davon überzeugt, dass das Schreien ihres Sohnes eine Art Klagelied sei, mit dem er den Schmerz rauslasse. Als Erwachsene vergessen wir unsere Schmerzen so auszudrücken. Sie spürte nach dem Gespräch, dass sie am liebsten in ihrem Schmerz auch so schreien würde. Jerry half ihr, das Schreien anders zu hören und sie war dadurch im Stande, wieder in das Zimmer zu gehen und ihren Sohn bis zu seinem letzten Atemzug in den Armen zu halten.

Sie erzählte mir, dass sie sein Schreien als Klagelied anders wahrnehmen konnte und aushalten konnte. Sie konnte sogar zeitweise, während sie ihn auf den Armen wiegte, Schlaflieder dazu singen.

Zuwendung und Liebe sind Energien. Auch wenn du denkst, deine Anwesenheit, deine Gedanken oder Gebete bringen nichts, sei dir bewusst, dass Liebe und Zuwendung immer ihren Weg finden, sogar aus der Ferne.

KAPITEL 17

Trauer wenn der Abschied naht

Wenn du einem geliebten Menschen sehr nahestehst und von der Angst übermannt wirst, wie dein Leben ohne ihn aussehen wird, ist es natürlich schwer, ihm eine gute Reise zu wünschen. Der Herzschmerz ist besonders gross, weil er keine Hoffnung auf ein Wiedersehen lässt, zumindest nicht in diesem Leben.

Gerade dann ist es wichtig, dass du für dich selbst da bist wie eine beste Freundin oder ein guter Freund. Hol dir Unterstützung durch einfühlsame Trauerbegleiter, Coaches oder Menschen in deinem Umfeld, denen du vertraust. Es ist entscheidend, dass du dich um dich kümmerst, damit du genug innere Stärke hast, um deinen geliebten Menschen liebevoll gehen zu lassen, ohne ihm zusätzlich Lasten aufzubürden.

Trauer ist im Grunde unser Unvermögen, uns ein Leben ohne die Gaben vorzustellen, mit denen uns der Andere überschüttet hat, seine Liebe, seine Nähe und sein Dasein. Wir sind abhängig davon geworden und nun fürchten wir, dass das Loch, das sein Tod hinterlässt, zu groß sein wird.

Erinnere dich für einen Moment an die Zeit, bevor du diesen Manschen kennengelernt hast. Damals gab es die Vorstellung von dem Loch, vor dem du jetzt solche Angst hast, noch nicht. Die Liebe und Zuneigung, die das eigene Leben bereichert haben, hinterlassen jetzt den Schmerz der Trauer. Vorher wusstest du nicht, dass ein Mensch so viel Liebe in dein Leben bringen kann und auch so viel Schmerz hinterlassen kann. Was ist also passiert? Dieser Mensch ist in dein Leben getreten und hat dein Herz für eine größere Kapazität an Liebe geöffnet und dein Leben bereichert.

Bei den Geburten meiner Kinder wurde mir bewusst, wie ich von einem Moment zum nächsten so viel intensiver lieben konnte. Mein Leben vor Kindern war gut, aber als ich diese kleinen Babys in den Armen hielt, explodierte geradezu bei beiden meine Liebesfähigkeit. Von da an konnte ich mir ein Leben ohne sie nicht mehr vorstellen. Objektiv gesehen hatte ich vorher ein gutes Leben und mir fehlte nichts, aber ich habe mich an die Liebe, die sie mir geschenkt haben und immer noch schenken gewöhnt und auch an meine eigene Fähigkeit, so sehr zu lieben.

Der Tod eines geliebten Menschen ist ein

unermesslicher Schmerz, und mein Beileid ist bei allen, die so eine Trauer durchleben mussten. Dennoch möchte ich dich einladen, dich heute auf das Geschenk zu besinnen, das du durch die Liebe zu diesem Menschen erhalten hast. Wie sehr ist deine Fähigkeit zu lieben durch seine Anwesenheit gewachsen?

Alfred Lord Tennyson schrieb: *„Es ist besser, geliebt und verloren zu haben, als niemals geliebt zu haben."*

Wenn ein geliebter Mensch sich auf den Tod vorbereitet, ist es an dir, ihm deine Liebe und deinen Frieden zu schenken.

KAPITEL 18

Ein letzter Gedanke

Jemanden auf seinem letzten Weg begleiten zu dürfen ist ein Geschenk. Dafür gibt es keinen vorgeschriebenen Weg, Es gibt nur deinen Weg, getragen von Liebe, von Präsenz und dem Wunsch, mit offenem Herzen da zu sein.
Auch wenn du dich unsicher fühlst, deine Anwesenheit zählt. Auch wenn dir die Worte fehlen, deine Liebe spricht.

Am Ende bleibt die Liebe und deine Liebe wird ihren Weg finden.

NOTIZEN

1. Tief durchatmen
2. Sei präsent
3. Hör aufmerksam zu
4. Lass dich von Liebe führen

Zusammenfassende Liste

- Lass dein eigenes Gepäck draußen
- Höre mit den Ohren und dem Herzen
- Höre darauf, was der Sterbende wirklich will
- Stell Fragen
- Finde heraus, was belastet: Sorgen, Reue, offene Aufgaben
- Nimm die Lasten, wenn möglich, ab
- Erledige, was sich noch abschließen lässt
- Halte die Hand
- Erfülle kleine Wünsche
- Bring Lachen in den Raum
- Lass Musik spielen
- Gib die Wahl: alleine zu sterben oder in Begleitung
- Wünsche eine gute Reise
- Nimm die Angst oder versuch sie zu lindern
- Sei nett zu dir selbst

Danksagung

Mein tief empfundenes Dankeschön gilt dem Geist von Robert G. Peteler, dessen liebevolle Präsenz und Humor, selbst in seinen letzten Tagen, mir geholfen haben, dieses Buch zu schreiben. Ja, Bob, du hast es tatsächlich in eines meiner Bücher geschafft, so wie du es dir gewünscht hast.

Ich danke der Familie Sabersky und Elsbeth Cram, die mich in meiner Begleitung von Sterbenden und deren Angehörigen bestärkt und unterstützt haben. All jenen, die ich in ihren letzten Lebenstagen begleiten durfte, danke ich aus tiefstem Herzen. Euer Vertrauen in dieser so sensiblen und bedeutungsvollen Zeit war für mich ein großes Geschenk.

Ein besonderen Dank auch meiner Großmutter, die mir schon in jungen Jahren vermittelt hat, dass der Tod nichts ist, wovor man sich fürchten muss. Mit liebevollem Dank an Regina Derbolowsky, Annegret Heinold und Christiane Rabold für ihre Unterstützung beim Übersetzen und ein ganz großes Danke an meine geduldige Verlegerin Jody Colvard und an FMG Press für euren Beistand und euer Vertrauen in mich und dieses Buch.

Um mehr über Johanna Derbolowsky, ihre
Arbeit und bevorstehende Veranstaltungen
zu erfahren, besucht bitte
quantumheartfield.com.

Über die Autorin

Johanna Derbolowsky ist Coach für Transformation und Heilung, Bestsellerautorin und internationale Keynote-Referentin. Durch ihre lange Forschung im Bereich der Heilung und ihre Gabe als Hellseherin zu arbeiten, hilft sie Menschen auf der ganzen Welt bei wichtigen Wendepunkten des Lebens bis hin zur einfühlsamen Begleitung am Lebensende.

Sie hat die Quantum Heart Field Experience entwickelt, eine Methode, die es Menschen ermöglicht, das Bewusstsein eines Problems einfach und schnell in das Bewusstsein möglicher Lösungen und Heilungen zu transformieren.

Johanna wurde in Deutschland geboren und lebt heute in Südkalifornien, wo sie auch ihre Kinder großgezogen hat. Der Ozean inspiriert sie täglich. Sie ist sicher, dass das Leben uns genug Prüfungen und Aufgaben schenkt, und das Verständnis, Freundlichkeit und Menschlichkeit einem vieles erleichtern können. Ihr Anliegen is es diese Gedanken zu leben.

www.ingramcontent.com/pod-product-compliance
Lightning Source LLC
Chambersburg PA
CBHW051640120626
46551CB00014B/2148